I0072904

Albrecht Randelzhofer
Die Pflichtenlehre bei Samuel von Pufendorf

Schriftenreihe
der Juristischen Gesellschaft e. V.
Berlin

Heft 78

W
DE
G

1983
Walter de Gruyter · Berlin · New York

Die Pflichtenlehre
bei
Samuel von Pufendorf

Von
Albrecht Randelzhofer

Festvortrag
gehalten am 2. Dezember 1982 im Kammergericht
aus Anlaß der Feier zur
350. Wiederkehr seines Geburtstages
in Anwesenheit des Herrn Bundespräsidenten

W
DE
G

1983
Walter de Gruyter · Berlin · New York

Dr. jur. Albrecht Randelzhofer
o. Professor für Staats- und Verwaltungsrecht,
Völkerrecht und Verfassungsgeschichte
im Institut für internationales und
ausländisches Recht und Rechtsvergleichung
an der Freien Universität Berlin

CIP-Kurztitelaufnahme der Deutschen Bibliothek

Randelzhofer, Albrecht:
Die Pflichtenlehre bei Samuel von Pufendorf : Festvor-
trag gehalten am 2. Dezember 1982 im Kammergericht aus
Anlaß d. Feier zur 350. Wiederkehr seines Geburts-
tages in Anwesenheit d. Herrn Bundespräsidenten / von
Albrecht Randelzhofer. – Berlin ; New York : de
Gruyter, 1983.
(Schriftenreihe der Juristischen Gesellschaft e. V.
Berlin ; H. 78)
ISBN 3-11-009731-1

NE: Juristische Gesellschaft ‹Berlin, West›: Schriftenreihe der Juristischen ...

©
Copyright 1983 by
Walter de Gruyter & Co., vormals G. J. Göschen'sche Verlagshandlung, J. Guttentag, Verlagsbuchhandlung,
Georg Reimer, Karl J. Trübner, Veit & Comp., Berlin 30.
Alle Rechte, insbesondere das Recht der Vervielfältigung und Verbreitung sowie der Übersetzung,
vorbehalten. Kein Teil des Werkes darf in irgendeiner Form (durch Fotokopie, Mikrofilm oder ein anderes
Verfahren) ohne schriftliche Genehmigung des Verlages reproduziert oder unter Verwendung
elektronischer Systeme verarbeitet, vervielfältigt oder verbreitet werden.
Printed in Germany.
Satz und Druck: Saladruck, Berlin 36
Bindearbeiten: Verlagsbuchbinderei Dieter Mikolai, Berlin 10

I. Einleitung und Begründung der Wahl des Themas*

1. Pufendorf als Generalthema

Zum 350. Male jährte sich in diesem Jahr der Geburtstag von *Samuel von Pufendorf*. Jubiläen sind Anlässe, sich mit Vergangenem zu beschäftigen. Darin liegt ein Wert an sich im Sinne antiquarischer Geschichtsbetrachtung, der *Friedrich Nietzsche* ihren Platz neben der monumentalischen und der kritischen Historie zuweist[1]. Eine zusätzliche Dimension können solche Anlässe eröffnen, wenn die Behandlung nicht nur rückwärtsgewandt, historisch erzählend ist, vielmehr die Beschäftigung mit dem historischen Stoff unter der Fragestellung erfolgt, inwiefern er für heutige Probleme relevant sein kann.

In dieser Hinsicht ermöglicht *Pufendorf* vielseitige und vielschichtige Anknüpfungen. Sein Werk ist, wie bei allen bedeutenden Köpfen – und ein solcher ist er ohne Zweifel, das überlieferte Verdikt *Leibnizens*, der ihn einen vir parum jurisconsultus et minime philosophus[2] nannte, kann daran nichts ändern, ganz abgesehen davon, daß es im Widerspruch zu vielen anderen, höchst positiven Beurteilungen *Leibnizens* über Pufendorf steht[3] – über seine Zeit hinaus wirksam und immer wieder aktuell oder doch aktualisierbar.

Gerade in Berlin über *Pufendorf* zu sprechen, bietet ganz besondere Anknüpfungsmöglichkeiten. Hier ist der am 8. Januar 1632 in Dorf-Chemnitz in der Grafschaft Meißen Geborene nach Professuren in Heidelberg (dort war 1661 eigens für ihn der erste Lehrstuhl für Völkerrecht eingerichtet worden) und Lund (wohin er 1668 berufen wurde) seit 1688 als Hofhistoriograph Kurbrandenburgs in seinem letzten Amte tätig geworden, hier ist er 1694 gestorben und im Chor der Nicolaikirche bestattet worden[4].

---

* Die Vortragsform ist grundsätzlich beibehalten und der wissenschaftliche Apparat daher bewußt nicht zu umfänglich gestaltet.
[1] *Friedrich Nietzsche,* Vom Nutzen und Nachteil der Historie für das Leben, in „Werke in zwei Bänden", hsg. von Ivo Frenzel, 1967, Bd. 1, S. 115 ff., 121 f., 126 ff.
[2] So *Leibniz* in einem Brief an Kästner vom 21. 8. 1709; s. *Dutens,* Leibnitii opera omnia IV, 3, S. 261.
[3] Zur Verteidigung Pufendorfs siehe *Hans Welzel,* Die Naturrechtslehre Samuel Pufendorfs, 1958, S. 4 ff.
[4] Zum Leben Pufendorfs siehe u. a.: *Gerd Kleinheyer/Jan Schröder* (Hrsg.), Deutsche Juristen aus fünf Jahrhunderten, 1976, S. 215 ff.; *Ulrich Scheuner,* in „Die

6

2. Pufendorf und die Rechtslage Deutschlands

Von Berlin aus, wo sich die Besondertheiten der Rechtslage Deutschlands wie in einem Brennpunkt verschmelzen, wäre es reizvoll, *Pufendorfs* Diagnose der Rechtslage Deutschlands nachzuzeichnen, die schon vor dreihundert Jahren unter Rechtswissenschaftlern und Politikern ähnlich kontrovers diskutiert wurde wie heute. Wie und als was das Heilige Römische Reich in der Gestalt, die es durch den Westfälischen Frieden erhalten hatte, zu beurteilen sei, war ein Dauerthema der Staatswissenschaften (Staatswissenschaften hier verstanden im umfassenden Sinne), zu dem sich nahezu alle ihre bedeutenden Vertreter im 17., 18. und auch noch 19. Jahrhundert geäußert haben[5]. Unter der Maske des vorgeblich durch Deutschland reisenden Italieners Severinus de Monzambano schrieb *Pufendorf* sein Werk „De statu imperii Germanici", dem in der reichen Literatur über die Rechtslage des Reiches ein herausragender Platz gebührt. In diesem Werk findet sich die vielzitierte Aussage, das Deutsche Reich nach dem Westfälischen Frieden sei ein „irregulare aliquod monstro simile"[6].

Wer spürt nicht die Versuchung, die heutigen Schwierigkeiten zur Erklärung der Rechtslage Deutschlands mit einem gleichen oder ähnlichen Dictum zu umgehen bzw. zuzudecken. Hier sei nur angemerkt, daß dieses „irregulare aliquod monstro simile" die Bewertung *Pufendorfs* bezüglich der Rechtslage des Deutschen Reiches nur zum Teil wiedergibt. Als monströs und irregulär qualifiziert er das Reich nur vor dem Hintergrund der klassischen aristotelischen Verfassungsformen Demokratie, Aristokratie und Monarchie[7], da es in keine dieser Kategorien voll einzuordnen sei[8]. Ausgehend von dieser unbezweifelbar richtigen Einsicht,

---

großen Deutschen", Bd. 5, 1957, S. 128 ff.; *Horst Denzer*, Moralphilosophie und Naturrecht bei Samuel Pufendorf, 1972, S. 325 ff., *derselbe*, Pufendorf, in Klassiker des politischen Denkens, hrsg. von Hans Maier/Heinz Ranisch/Horst Denzer, Bd. II, 3. Auflage 1974, S. 27 ff.; *Erik Wolf*, Samuel Pufendorf, in: Große Rechtsdenker der deutschen Geistesgeschichte, 4. Auflage 1963, S. 317 ff.

[5] Siehe dazu die Übersicht bei *Albrecht Randelzhofer*, Völkerrechtliche Aspekte des Heiligen Römischen Reiches nach 1648, 1967, S. 67 ff.

[6] Severinus de Monzambano, De Statu Imperii Germanici, Über die Verfassung des deutschen Reiches, cap. VI, § 9, in Klassiker der Politik, Bd. 3, übersetzt und eingeleitet von Harry Breßlau, 1922.

[7] Siehe *Aristoteles*, Politik, 3. Buch, 7. Kapitel, zitiert nach Bd. 7 der Philosophischen Bibliothek bei Felix Meiner, 1948.

[8] Als zu eng kritisiert diesen Bezugsrahmen *Jastrow*, Pufendorfs Lehre von der Monstrosität der Reichsverfassung, in Zeitschrift für Preußische Geschichte und Landeskunde, 19. Jahrgang, 1882, S. 337.

stellt *Pufendorf* dann aber fest, daß sich die Verfassung des Reiches mehr und mehr einem föderativen Staatssystem nähere. *Pufendorf* wollte mit seiner Aussage die Diskussion um die Rechtslage Deutschlands keinesfalls beenden. Erst *Hegel,* in seiner Schrift „Die Verfassung des Deutschen Reiches", wollte hier tabula rasa schaffen. In apodiktischem Tone heißt es dort: „Deutschland ist kein Staat mehr. Es ist kein Streit mehr darüber, unter welchen Begriff die deutsche Verfassung falle. Was nicht mehr begriffen werden kann, ist nicht mehr"[9].

Auch wenn uns an der Rechtslage Deutschlands heute manches irregulär und monströs erscheinen mag, lohnt es sich noch immer, wie es *Pufendorf* vor dreihundert Jahren getan hat, differenzierter in die Probleme einzudringen, statt wie *Hegel* die Nichtexistenz des Reiches zu verkünden.

Ich habe mir aber nicht diesen Aspekt seines Werkes ausgewählt, denn insoweit ist die Aktualität *Pufendorfs* nur eine formell äußerliche und nicht inhaltliche.

3. *Pufendorfs Einfluß auf die amerikanische Menschenrechtserklärung*

Sollte man deshalb ganz in eine andere Richtung gehen und unter Berücksichtigung des hier geltenden Besatzungsrechtes und auf der Grundlage der gut gemeinten, aber gleichwohl hochproblematischen Entscheidung des US Court of Berlin vom 14. März 1979 im Fall US v. Tiede[10] (auch für die meisten Juristen wird die Existenz eines solchen Gerichts wohl eine Überraschung gewesen sein)[11], wonach die Verfassung der Vereinigten Staaten grundsätzlich auch in Berlin gelte[12], den Einfluß *Pufendorfs* auf die Menschenrechte in der US-Verfassung untersuchen? Diesen Einfluß gibt es tatsächlich. Im Jahre 1717 verfaßte *John Wise,* ein Pfarrer aus Massachusetts, sein Buch mit dem Titel „A Vindication of the Government of New England Churches", in dem er die Demokratie als die einzig richtige Verfassungsform für die Kirche behauptet. Ausdrücklich bekennt er in diesem Buch, daß er sich bei seiner Argumenta-

---

[9] *Hegel,* Die Verfassung des Deutschen Reiches, neu herausgegeben von G. Mollat, 1935, Einleitung S. 1.
[10] Abgedruckt in International Legal Materials, Bd. 19 (1980), S. 179 ff.
[11] Er wurde durch das Gesetz Nr. 46 des Hohen Kommissars der Vereinigten Staaten vom 28. 4. 1955 (Abl. AKB Nr. 71, S. 1056) geschaffen.
[12] Kritisch zu dieser Entscheidung *Stefan Forch,* Mitwirkung deutscher Geschworener an der Ausübung amerikanischer Besatzungsgerichtsbarkeit in Berlin, ZaöRV, Bd. 40 (1980), S. 760 ff.

8

tion *Pufendorf* als „chief guide and spokesman" erwählt habe. Und ganz entsprechend dem dritten Kapitel des siebenten Buches von *Pufendorfs* Hauptwerk „De jure naturae et gentium" beginnt *John Wise* seine Schrift mit den Worten: „Ich werde den Menschen in seinem natürlichen Zustand schildern als ein freigeborenes Wesen unter der Krone des Himmels, niemandem untertan als allein Gott." Im weiteren finden sich in der Schrift annähernd wörtlich alle Sätze *Pufendorfs* über die Menschenwürde, die natürliche Gleichheit und Freiheit aller Menschen. Die Wirkung dieser Schrift blieb nicht auf den Bereich der Kirche beschränkt, wo sie die Demokratie der Kirchenverfassung gegen die Bestrebungen des Presbyterialismus verteidigte. Sie wurde im Jahre 1772 erneut aufgelegt und fand weiteste Verbreitung. Sie unterstützte durch naturrechtliche Argumente den Unabhängigkeitskampf. Ihre Kernaussagen über Menschenwürde und Menschenrechte schlugen sich nieder in der Bill of Rights of Virginia vom 12. 6. 1776[13] und letztlich in den Menschenrechtsbestimmungen der amerikanischen Verfassung.

Diesen Aspekt im Werk *Pufendorfs* hat *Hans Welzel* in seinem Beitrag zur Festschrift für Rudolf Smend 1952 ausführlich dargestellt[14], so daß er hier nur angemerkt, nicht aber wiederholt werden soll.

4. *Pufendorf als Historiograph Kurbrandenburgs*

So böte sich noch die Würdigung *Pufendorfs* als Historiker an. Nach Berlin war er 1688 nicht als Jurist berufen worden, sondern als Hofhistoriograph Kurbrandenburgs. Seiner Tätigkeit hier verdanken wir die umfassende Darstellung der Regierung des Großen Kurfürsten. Bereits in Schweden war *Pufendorf* mehr und mehr zum Historiker geworden. 1677 verließ er Lund und ging nach Stockholm als Hofhistoriograph. Er schrieb dort in den folgenden Jahren eine umfassende schwedische Reichsgeschichte der Zeit von Gustav Adolf bis zur Abdankung der Königin Christine. Die Fortsetzung dieser schwedischen Reichsgeschichte für die Regierungszeit Karl Gustavs nahm er in Angriff, fertiggestellt wurde dieses Werk aber erst in seiner Berliner Zeit. Zu seiner Drucklegung reiste er 1694 noch einmal nach Schweden. Dort wurden ihm hohe Ehrungen, darunter die Erhebung in den schwedischen Freiherrenstand

---

[13] Englischer Text bei *Alfred Voigt*, Geschichte der Grundrechte, 1948, S. 192 ff.
[14] *Hans Welzel*, Ein Kapitel aus der Geschichte der amerikanischen Erklärung der Menschenrechte (John Wise und Samuel Pufendorf), in Rechtsprobleme in Staat und Kirche, 1952, S. 387 ff.

zuteil. Auf der Heimreise erkrankte er, und der Hinzutritt ärztlicher Behandlung führte kurz darauf zu seinem Tode.

Als Historiker (so das Urteil *Erik Wolfs*[15]) hat *Pufendorf* „die Geschichtsschreibung auf den festen Boden archivalischer Studien gestellt, ihr mit dem Gedanken der jeweils besonderen Staatsräson als Maßstab des politischen Geschehens einen neuen Richtpunkt gegeben und den Historismus, jene später so wirkungsmächtig gewordene Anschauung, wonach das Geschichtliche selbst sinngebend ist und eine Rechtfertigung übergeschichtlicher Art entbehren zu können glaubt, mit begründet." Zu einer weitergehenden Würdigung *Pufendorfs* als Historiker fühle ich mich nicht berufen. Ich bin Jurist und nicht Historiker, wir sind hier im Kammergericht und nicht in den Räumen der Historischen Kommission.

5. Pufendorfs Pflichtenlehre

Ich habe mich für einen anderen Aspekt im Werk *Pufendorfs* entschieden, nämlich seine Pflichtenlehre. Sie ist von grundlegender Bedeutung für sein ganzes System des Naturrechts. Die Gründe für diese Wahl:

a) Der genius loci spricht für diese Entscheidung. Unübersehbar ist der Einfluß von *Pufendorfs* Pflichtenlehre über die Vermittlung von *Christian Thomasius, Christian Wolff,* und vor allem *Gottlieb Svarez*[16] auf das allgemeine Landrecht für die preußischen Staaten[17].

b) Bedeutsamer aber noch für meine Entscheidung ist der Umstand, daß *Pufendorfs* Pflichtenlehre zur Erhellung eines Grundproblems auch des heutigen Verfassungsrechts und heutiger Verfassungsinterpretation beitragen kann, das mit dem Begriffspaar Grundrechte und Grundpflichten des Menschen umschrieben ist.

(1) Während der zweite Hauptteil der Weimarer Reichsverfassung

---

[15] *Erik Wolf,* Quellenbuch der Geschichte der deutschen Rechtswissenschaft, 1950, S. 180. Zu Pufendorf als Historiker siehe auch *Notker Hammerstein* in Michael Stolleis (Hrsg.), Staatsdenker im 17. und 18. Jahrhundert, 1977, S. 193 ff.

[16] Siehe dazu *Carl Gottlieb Svarez,* Kronprinzenverträge, in Hermann Conrad/ Gerd Kleinheyer (Hrsg.), Vorträge über Recht und Staat, 1960, S. 9 und 258 ff.; ferner *Carl Gottlieb Svarez* und *Christoph Goßler,* Unterricht über die Gesetze für die Einwohner der Preußischen Staaten von zwei Preußischen Rechtsgelehrten, 1793; Auszüge in Erik Wolf (Hrsg.), Quellenbuch zur Geschichte der Deutschen Rechtswissenschaft, 1950, S. 185 ff.

[17] Siehe dazu *Horst Denzer,* Pufendorfs Naturrechtslehre und der brandenburgische Staat, in Humanismus und Naturrecht in Berlin-Brandenburg-Preußen, Veröffentlichungen der Historischen Kommission zu Berlin, Bd. 48 (1979), S. 71 ff.

überschrieben war „Grundrechte und Grundpflichten der Deutschen"[18], lautet bekanntlich die Überschrift über den Artikeln 1–19 unseres Grundgesetzes nur „Die Grundrechte". Die Rechtswissenschaft hat sich mit diesen Grundrechten auf das intensivste beschäftigt, so intensiv, daß mitunter kritisch geäußert wurde, die deutsche Staatsrechtswissenschaft nach 1949 sei zu einer Grundrechtswissenschaft geschrumpft. Demgegenüber ist eine Befassung mit Grundpflichten nur ganz sporadisch festzustellen[19]. In manchen, durchaus renommierten Lehrbüchern des deutschen Staatsrechts taucht der Begriff Grundpflicht überhaupt nicht auf[20]. Dies alles bedeutet natürlich nicht, daß es in unserem Verfassungsrecht das Problem der Grundpflichten nicht gibt[21]. Unverkennbar aber ist, daß das Bewußtsein für ihre Existenz und Wirkungsweise, insbesondere ihr Verhältnis zu den Grundrechten, sehr wenig ausgeprägt ist. Dieses Bewußtsein sollte durch die Themenwahl geweckt werden. Mut zu unzeitgemäßen Betrachtungen sollte demonstriert werden. Bekanntlich verhält es sich dabei so, daß derjenige, der unzeitgemäße Betrachtungen anstellt, sie gerade für besonders zeitgemäß hält und nicht nur mit Trauer die Diskrepanz zwischen seinem vermeintlich fortgeschrittenen Erkenntnisstand und dem zurückgebliebenen der Allgemeinheit konstatiert.

(2) Was ich nicht wußte, doch aber hätte wissen müssen, ist, daß der Vorstand der Deutschen Staatsrechtslehrervereinigung bei der Diagnose

---

[18] Zum Problem, inwieweit diese Grundpflichten der Weimarer Verfassung rechtliche oder nur sittliche Pflichten waren, siehe *Peter Badura*, DVBl. 1982, S. 865 ff. m. w. N.

[19] Zu nennen sind hier *Hans H. Klein*, Über Grundpflichten, in Der Staat, 1975, S. 153 ff.; *Detlef Merten*, Grundpflichten im Verfassungssystem der Bundesrepublik Deutschland, BayVBl. 1978, S. 554 ff.; *Rolf Stober*, Grundpflichten und Grundgesetz, 1979; *Ernst Benda*, Grundrechte und Grund-Pflichten, 1981.

[20] So bei *Konrad Hesse*, Grundzüge des Verfassungsrechts der Bundesrepublik Deutschland, 13. Auflage, 1982; *Karl Doehring*, Staatsrecht der Bundesrepublik Deutschland, 2. Auflage, 1980.

[21] Ein Irrtum wäre etwa die Annahme, das Prinzip des freien Wettbewerbs mache die Existenz von Grund-Pflichten entbehrlich, da hierbei jeder Auswuchs durch einen anderen berichtigt und damit beide gegenseitig aufgehoben werden (siehe zu solchen Gedanken *Herbert Krüger*, Allgemeine Staatslehre, 2. Auflage, 1966, S. 460 f.). Es darf bezweifelt werden, ob diese Wirkungsweise auch nur für den eigentlichen Bereich des Wettbewerbs, die Privatwirtschaft, funktioniert. Eine Übertragung des „Modells Wettbewerb" auf das Verhältnis Staat – Bürger ist jedenfalls nicht möglich. Das Problem der Grundpflichten läßt sich auch nicht durch den Hinweis auf das Sozialstaatsprinzip abtun, da dieses in dieser Hinsicht viel zu amorph ist.

des Zeitgemäßen bzw. Unzeitgemäßen mindestens so treffsicher ist wie ich. Er hatte nämlich „Grundpflichten als verfassungsrechtliche Dimension" zum Thema der diesjährigen Tagung in Konstanz bestimmt. Mit Blickrichtung auf diese Tagung sind im Spätsommer dieses Jahres in den meisten juristischen Fachzeitschriften Aufsätze zum Thema Grundpflichten erschienen[22]. Das bisherige Piano oder eher Pianissimo im wissenschaftlichen Schrifttum ist zwar noch nicht abgelöst durch einen voll klingenden Chor, wohl aber durch eine Anzahl kräftiger Solostimmen, die allerdings nicht alle in der gleichen Tonart singen. Auf der Tagung selbst hat insbesondere der zugleich profunde und brillante Vortrag von *Hasso Hofmann* (Würzburg) viel zur Erhellung der Problematik beigetragen[23]. Enthebt dies einerseits der Notwendigkeit ein zugleich altes und neues Problem wieder zum Bewußtsein zu bringen, so ist andererseits gerade diese Tagung und was auf ihr und davor gesagt wurde, erst recht ein Anlaß, über *Pufendorfs* Pflichtenlehre zu reden, da sie die heutige Diskussion, wie ich meine, in mancher Hinsicht befruchten kann.

(3) Ich sehe mich in meiner Entscheidung, ausgerechnet die Pflichtenlehre *Pufendorfs* zum Gegenstand meines Vortrages zu machen, für den heutigen Tag aufs schönste dadurch bestätigt, daß der Herr Bundespräsident, wie ich im Bulletin der Bundesregierung nachlesen konnte, im Spätsommer dieses Jahres anläßlich des Besuches des österreichischen Bundespräsidenten in Bonn überaus Bedenkenswertes zum Problem der Pflichten gesagt hat[24].

c) Pflichten des Bürgers sind augenblicklich aber nicht nur Gegenstand einer aktuellen Diskussion in der Staatsrechtswissenschaft, sondern auch in der Politik. Einem ausufernden Anspruchsdenken will man durch den Hinweis auf diese Pflichten begegnen. Wie *Hasso Hofmann*[25] zu Recht feststellte, läuft die rechtswissenschaftliche Frage nach den Grundpflichten Gefahr, in die politische Auseinandersetzung hineingezogen zu werden. Kann man dieser Gefahr vielleicht nicht am besten dadurch begegnen, daß man der Methode, oder sollte ich bescheidener sagen, der

[22] *Peter Badura,* Grundpflichten als verfassungsrechtliche Dimension, DVBl. 1982, S. 861 ff.; *Herbert Bethge,* Grundpflichten als verfassungsrechtliche Dimension, NJW 1982, S. 2145 ff.; *Christoph Gusy,* Grundpflichten und Grundgesetz, JZ 1982, S. 657 ff.; *Josef Isensee,* Die verdrängten Grundpflichten des Bürgers, DÖV 1982, S. 609 ff.; *Rolf Stober,* Grundpflichten als verfassungsrechtliche Dimension, NVwZ 1982, S. 473 ff.
[23] Eine Teilnahme an der Konstanzer Tagung war mir nicht möglich. Ich danke Herrn Kollegen Hofmann deshalb sehr herzlich dafür, daß er mir schon vor der Veröffentlichung das Typoskript seines Referates überlassen hat.
[24] Siehe Bulletin Nr. 84 vom 14. 9. 1982, S. 766 f.
[25] Typoskript S. 2.

Taktik, *Pufendorfs* folgt und aktuelle Probleme in etwas camouflierter
Form behandelt? Zwar nicht in der Weise, daß ich mir eine andere
Identität leihe, denken Sie an die Maske des Severinus de Monzambano,
aber doch in der Weise, daß ich zu einem aktuellen Problem durch den
Mund eines über 300 Jahre alten Autors, also scheinbar in historisch
rückwärtsgewandter Unverfänglichkeit spreche.

II. Inhalt der Pflichtenlehre Pufendorfs

1. Quellen und Auswahlkriterien

Bevor ich im folgenden zum Inhalt der Pflichtenlehre *Pufendorfs*
komme, sind noch einige Bemerkungen bezüglich des Umfanges der
Darstellung und der Auswahlkriterien erforderlich.

Aus den Aussagen zur Begründung der Themenwahl ist bereits deutlich
geworden, daß *Pufendorfs* Pflichtenlehre hier nicht in erster Linie als
rechtsgeschichtliches Relikt interessiert, sondern in ihrer möglichen Aus-
wirkung auf die aktuelle Diskussion über Grundrechte und Grundpflichten der Menschen. Ich beabsichtige daher nicht, diese Pflichtenlehre in
ihrer ganzen Breite und Verästelung darzustellen. Dies wäre im übrigen
auch schon zeitlich hier nicht möglich, denn diese Pflichtenlehre steht so
im Zentrum von *Pufendorfs* Rechtslehre überhaupt und durchdringt alle
ihre Bereiche, daß ihre vollständige Wiedergabe eine erschöpfende Behandlung der *Pufendorf'schen* Naturrechts-Lehre überhaupt bedeuten
müßte. Umfassend ausgebreitet ist *Pufendorfs* Pflichtenlehre in seinem
1672 in Lund erschienenen Hauptwerk De Jure naturae et gentium. Eine
komprimierte Form davon enthält das ein Jahr später erschienene Buch
mit dem Titel „De officio hominis et civis juxta legem naturalem". Die
Bedeutung und Wirkungsintensität dieses Buches, das über 100 Auflagen
erlebte[26], im 18. und teilweise bis ins 19. Jahrhundert hinein kann nicht
überschätzt werden. Nicht nur, daß es zum unverzichtbaren Minimum
deutscher Juristenbibliotheken wurde; es wurde in zahlreiche Sprachen
übersetzt. Besondere Bedeutung erlangte dabei die Übersetzung ins Fran-
zösische durch *Jean Barbeyrac*, die nicht weniger als 13 Auflagen erlebte.
Zu Recht stellt *Paul Hazard*[27] insofern fest: „Tatsächlich enthält das Buch
eine Reihe von Ergebnissen, die sich forterbten und schließlich das
Denken des folgenden Jahrhunderts beherrschen sollten". Einen Beleg für
die Richtigkeit dieser Aussage finden wir u. a. in einer Strophe aus

---

[26] *Horst Denzer*, Moralphilosophie und Naturrecht bei Samuel Pufendorf, 1972,
S. 362 ff., weist allein 99 heute noch bekannte Auflagen nach.
[27] Die Krise des europäischen Geistes, 1939, S. 319.

Friedrich Schillers Gedicht „Die Weltweisen" aus dem Jahre 1795, wo es –
freilich nicht frei von einem gewissen Spott – heißt:

„Der Mensch bedarf des Menschen sehr
zu seinem großen Ziele,
Nur in dem Ganzen wirket er:
Viel Tropfen geben erst das Meer,
Viel Wasser treibt die Mühle.
Drum flieht der wilden Wölfe Stand
Und knüpft des Staates dauernd Band.
So lehren vom Katheder
Herr Puffendorf und Feder"[28].

Feder war in der zweiten Hälfte des 19. Jahrhunderts Philosophieprofes-
sor in Göttingen und ein Gegner der kantischen Philosophie.

Jüngst hat *Peter Stein* aufgezeigt, daß die Wirtschaftstheorie von *Adam
Smith* aus seiner Rechtslehre erwuchs, und daß diese, wie die Naturrechtslehre im 18. Jahrhundert in Schottland überhaupt (Smith war von
1752–1763 Professor für Moralphilosophie an der Universität Glasgow),
auch unter dem Eindruck von Pufendorfs Buch stand[29].

Ich lege in meiner Darstellung der Pflichtenlehre *Pufendorfs* dieses
Buch „De officio hominis et civis" zugrunde[30], und werde nur gelegentlich
auf „De Jure naturae et gentium" Bezug nehmen.

2. Die Darstellung

a) Im bemerkenswerten Gegensatz zu *John Locke* der in seinen kurze
Zeit später erscheinenden „Two Treatises of Government" die Rechte der
Menschen in den Vordergrund stellt, ist *Pufendorfs* Naturrechtslehre von
der Basis der Pflichten der Menschen aus entwickelt[31]. Diese Pflichten
ergeben sich aus drei Quellen: Erstens aus der Vernunft; zweitens aus den
Anordnungen der gesetzgebenden Obrigkeit, drittens aus der göttlichen

---

[28] Diese Strophe zitiert *Friedrich Berber*, Das Staatsideal im Wandel der Weltge-
schichte, 2. Auflage 1978, S. 369.
[29] *Peter Stein*, From Pufendorf to Adam Smith: The natural law tradition in
Scotland, in Festschrift für Helmut Coing, 1982, Bd. I, S. 667 ff.
[30] Lateinische Ausgabe: Lipsiae et Wolfenbüttel, apud Godefridum Freytag,
MDCCXVII. Eine deutsche Übersetzung der einschlägigen Teile des Werkes
enthält *Erik Wolf*, Quellenbuch zur Geschichte der deutschen Rechtswissenschaft,
1950, S. 145 ff. Dieser Übersetzung liegt allerdings eine lateinische Ausgabe aus
dem Jahre 1682 zu Grunde.
[31] Auf diesen Unterschied weist *Ulrich Scheuner*, in „Die großen Deutschen",
Bd. 5, 1957, S. 131 hin.

14

Offenbarung. Mit jeder dieser drei Quellen beschäftigt sich eine spezifische Wissenschaft. Mit der Vernunft das Naturrecht, mit dem positiven Gesetz die Rechtswissenschaft des jeweiligen Staates und mit der göttlichen Offenbarung die Moraltheologie[32]. Die Moraltheologie will die Regungen der Seele lenken und die Menschen für das ewige Leben bilden. Naturrecht und positives Gesetzesrecht befassen sich mit den äußeren Handlungen der Menschen und sollen letztere für das diesseitige Leben bilden. Mit dieser Einteilung hat *Pufendorf* das Naturrecht aus seinen überkommenen theologischen Fesseln befreit und es als eigenständige Disziplin neben die Moraltheologie gestellt. Gerade dieser Aspekt seines Werkes hat ihm von theologischer Seite heftigste Kritik eingetragen, auf die er, nicht selten in sehr derber Weise, in seiner Eris Scandica[33] geantwortet hat. Aus der Vernunft fließen, nach *Pufendorf*, die allgemeinsten Menschenpflichten, deren Erfüllung den Menschen überhaupt erst zur Gemeinschaft mit anderen fähig macht. Diese Pflichten gelten, unabhängig von der positiven Rechtsordnung des jeweiligen Staates, überall, da das Naturrecht sich aus der Notwendigkeit zur Gemeinschaft ergibt[34]. Diesen aus der Vernunft bzw. aus dem Naturrecht sich ergebenden Pflichten widmet *Pufendorf* die weiteren Ausführungen in seinem Buch.

b) Bevor er auf einzelne Pflichten zu sprechen kommt, entwickelt er seine Sicht vom Wesen des Naturrechts[35].

Das Naturrecht befasse sich mit der Frage, was das Gemeinschaftsleben der Menschen begründet und sichert. Auszugehen sei dabei vom heutigen verdorbenen Zustand des Menschen, eines von mannigfachen Begierden erfüllten Geschöpfes, geprägt von Selbstliebe und getrieben vom Besitzstreben. Zugleich aber diagnostiziert *Pufendorf* in einer Hinsicht eine besondere, gegenüber anderen Lebewesen gesteigerte Schwäche beim Menschen, die er imbecilitas nennt. Kaum ein anderes Geschöpf sei nach seiner Geburt so hilflos, so daß es ein Wunder wäre, wenn ein Mensch zum reifen Alter gelangte, ohne daß andere für ihn sorgten. Außer den zahlreichen, für die menschliche Bedürftigkeit erfundenen Hilfsmittel, seien viele Jahre sorgsamer Erziehung erforderlich, damit ein Mann sich selbst mit Nahrung und Kleidung versehen könne. Alles, was heutzutage das menschliche Leben an Annehmlichkeiten kenne, sei aus der gegenseitigen Hilfe der Menschen entsprungen. So kommt er zu der prägnanten

---

[32] De officio ..., Vorrede an den Leser, § IV.
[33] Unter diesem Titel erschienen 1686 die Streitschriften Pufendorfs, in denen er sich gegen die Angriffe verteidigte, die gegen seine Lehre vorgetragen wurden.
[34] De officio ..., Vorrede an den Leser, § VIII.
[35] 1. Buch 3. Kapitel (Im folgenden wird das Buch mit arabischen, das Kapitel mit römischen, und die Paragraphen wieder mit arabischen Ziffern zitiert).

Aussage: „Nächst Gott gibt es nichts auf der Welt, was dem Menschen mehr hilft und nützt als der Mensch selbst"[36]. Wer erinnert sich bei dieser Gelegenheit nicht an das berühmte Wort von *Thomas Hobbes: „Homo homini lupus est"*, der Mensch ist dem Menschen ein Wolf[37]. Steht *Pufendorf* hier im diametralen Gegensatz zu *Hobbes*, wie es auf den ersten Blick erscheint? Ich meine nicht. Die Unterschiedlichkeit der Aussagen ergibt sich daraus, daß sie für verschiedene Situationen gemacht werden. Was den sogenannten Naurzustand des Menschen anlangt, teilt *Pufendorf* durchaus, anders als vor ihm *Grotius* und später *Jean Jacques Rousseau*, die negative Einschätzung von *Hobbes*, wie es sich aus den folgenden Ausführungen ergibt. Nach dem oben zitierten Satz fährt *Pufendorf* nämlich fort: „Dennoch leidet dieses für seinesgleichen so nützliche Geschöpf unter vielen Gebrechen. Auch ist es mit nicht geringer Fähigkeit zu schaden ausgestattet. Jede Berührung mit ihm schafft eine unsichere Lage und erheischt Vorsichtsmaßregeln, damit man nicht Böses für Gutes empfange. Vor allem zeigt der Mensch eine viel stärkere Neigung zu schaden als irgendein wildes Tier, denn die Tiere reizt für gewöhnlich nur ihr Trieb zur Nahrung und Paarung, den sie mit leichter Mühe selbst befriedigen können. Haben sie ihr Bedürfnis gestillt, so gehen sie nicht mehr darauf aus, andere zu reizen oder anzugreifen, es sei denn, daß man sie dazu anstachelt. Aber der Mensch ist nie frei von Begierden und wird öfter von ihnen getrieben als zur Erhaltung der Art notwendig ist. Sein Bauch will nicht nur gefüllt sein, sondern sein Gaumen gekitzelt und oft verlangt er nach mehr als er verdauen kann"[38].

Insoweit besteht durchaus Übereinstimmung zwischen *Pufendorf* und *Hobbes*, dessen Werk *Pufendorf* in seiner Studienzeit in Jena bei *Erhard Weigel* intensiv zur Kenntnis genommen hat. Ein entscheidender Unterschied zwischen beiden besteht freilich insofern, als *Hobbes* aus dieser Diagnose des Naturzustandes des Menschen ein Recht aller auf alles herleitet, während *Pufendorf* daraus zur Einsicht in die Existenz von Pflichten gelangt[39]. Von daher resultiert auch der unterschiedliche Weg, den beide zur Überwindung dieses Naturzustandes beschreiten.

---

[36] 1 III 3: „Sic ut post Deum O.M. nihil in hoc orbe sit, quo major utilitas homini provenire, queat, quam ex ipso homine".
[37] *Thomas Hobbes*, De Cive, Widmung.
[38] 1 III 4.
[39] Zu diesem Unterschied *Wolfgang Röd*, Geometrischer Geist und Naturrecht, 1970, S. 96, der allerdings von den Gesetzen der Logik her beide Schlüsse als „analoge Paralogismen" kritisiert. Auf diesen Aspekt kommt es hier aber nicht an. Gegen ein Recht auf alles spricht sich Pufendorf ausdrücklich aus in De jure naturae et gentium, 2 I 1.

Hobbes sieht als Ausweg nur die Möglichkeit der Unterwerfung unter einen schrankenlosen Souverän. Dabei liegt die Besonderheit seiner Lehre in der spezifischen, von der *Pufendorf'schen* und der von ihr beeinflußten späteren *Rousseauschen* Konzeption durchaus verschiedenen Konstruktion des Unterwerfungsvertrages[40]. Dieser Unterwerfungs- oder Herrschaftsvertrag wird nicht zwischen den Menschen und dem Souverän geschlossen. Vielmehr verzichten die Menschen in einem Vertrag untereinander auf ihr im Naturzustand gegebenes Recht auf alles. Der Souverän bleibt völlig außerhalb des Vertragsverhältnisses. Er behält als einziger seine Rechte aus dem Naturzustand und wird so zum schrankenlosen Herrscher, zum großen Leviathan, zum sterblichen Gott[41]. Es gibt keine vertragliche Beziehung zu den Untertanen, keine Verpflichtungen jenen gegenüber, bei deren Verletzung etwa ein Widerstandsrecht gegeben sein könnte. Durch diese Konzeption des Herrschaftsvertrages führt *Hobbes* den Souveränitätsgedanken weit über *Bodin* hinaus auf den Gipfel absoluter Macht.

In grundsätzlich anderer Weise sucht *Pufendorf* den Weg aus dem unerfreulichen Naturzustand der Menschen. Er entwickelt ein umfassendes und differenziertes Netz von Pflichten, das auch die Pflichten des Herrschers gegenüber seinen Untertanen umfaßt. Ausgangspunkt seiner weiteren Überlegungen ist der Satz: „Um sich zu erhalten, muß der Mensch gemeinschaftlich leben"[42]. Anders aber als *Grotius,* der von der Existenz eines sozialen Triebes (Appetitus societatis) ausgeht, sieht *Pufendorf,* daß das Problem nicht dadurch lösbar wird, daß der Mensch sich einfach diesem Sozialtrieb überläßt, sondern daß es dazu sittlicher Einsicht und Anstrengung bedarf[43]. So heißt es bei ihm: „Die Grundordnung des Gemeinschaftslebens, welche den Menschen lehrt, wie er sich als richtiges Glied menschlicher Verbände verhalten muß, wird Naturrecht

---

[40] Den insoweit bestehenden Unterschied zwischen Hobbes und Pufendorf übersieht *Heinz Saffert,* Geschichte der Grundpflichten, Diss. Würzburg, 1959, S. 43 f. Zwar gründet auch Pufendorf die Entstehung des Staates auf einen Unterwerfungsvertrag (De Jure Naturae et Gentium, lib. 7 cap. II §§ 7, 8; De officio 2 VI 7–9), doch ist dieser Vertrag anders strukturiert und führt, anders als bei Hobbes, nicht dazu, daß zwischen Herrscher und Beherrschten *keine* Rechte und Pflichten bestehen. Siehe zu diesem Unterschied *Horst Denzer,* Moralphilosophie und Naturrecht bei Samuel Pufendorf, 1972, S. 165 ff.; *Wolfgang Röd,* Geometrischer Geist und Naturrecht, 1970, S. 95 ff.

[41] *Thomas Hobbes,* De Cive, Kap. 5 und 6; *derselbe* Leviathan, Kap. 17 und 18; dort allerdings modifizierend bezüglich der Rechte des Souveräns.

[42] 1 III 7.

[43] Zum diesbezüglichen Unterschied zwischen Grotius und Pufendorf siehe jüngst *Cornelius F. Murphy,* The Grotian Vision of World Order, AJIL, Bd. 76 (1982), S. 483 ff., bes. 487 ff., mit den entsprechenden Nachweisen bei Grotius.

genannt"⁴⁴. Die Grundregel des Naturrechts ist: „Jedermann muß Gemeinschaft halten und dem Ganzen dienen, so gut er kann ..."⁴⁵. „Die menschliche Natur ist so geschaffen, daß wir ohne Gemeinschaft nicht leben und unsere Art nicht erhalten könnten, auch vermag unser Verstand das ohne weiteres einzusehen"⁴⁶. Die aus dem Naturrecht fließenden Pflichten sind nach Pufendorf nicht nur Ratschläge, sondern Normen des Verhaltens. Diese Pflichten teilt er ein in: erstens Pflichten gegen Gott, zweitens Pflichten gegen sich selbst und drittens Pflichten gegen andere. Und noch einmal betont er bei dieser Gelegenheit die Tatsache und die Notwendigkeit des Gemeinschaftslebens als Basis seines Naturrechts, indem er sagt: „Diese Regeln fließen, soweit sie unser Verhalten gegen Menschen betreffen, ursprünglich und unmittelbar aus dem Gemeinschaftsleben selbst, dessen Pflege wir als Grundlage allen Rechts erkannt haben"⁴⁷.

Die Pflichten gegen Gott, die *Pufendorf* im vierten Kapitel behandelt, und die Pflichten gegen sich selbst, denen er sich im fünften Kapitel zuwendet, können hier unberücksichtigt bleiben. Unter dem Gesichtspunkt, was aus *Pufendorfs* Pflichtenlehre für das moderne Problem der Grundrechte und Grundpflichten verwertet werden kann, interessieren uns nur die Pflichten gegen andere. Sie sind Gegenstand seiner Untersuchungen insbesondere im sechsten, siebenten und achten Kapitel des Buches „De officio hominis et civis".

c) Von den Pflichten gegenüber anderen Menschen fließen einige aus der allgemeinsten Pflicht zur gemeinschaftlichen Verbundenheit, einige aus gewissen von den Menschen selbst aufgebrachten Einrichtungen des Lebens oder auch aus mehr zufällig entstandenen Verhältnissen. Erstere gelten erga omnes, letztere gegen bestimmte Kreise von Personen. Erstere nennt er absolute, letztere relative Pflichten⁴⁸. Dann formuliert *Pufendorf* die seines Erachtens oberste absolute Pflicht: „Keiner schädige den anderen"⁴⁹. Dieses ist die umfassendste aller Gemeinschaftspflichten ohne ihre Beachtung ist kein Zusammenleben der Menschen möglich. Die Erfüllung dieser Pflicht schütze Leib, Leben, Freiheit und Eigentum⁵⁰. Ihre Verletzung führt zu Schadensersatz⁵¹.

---

⁴⁴ 1 III 8.
⁴⁵ 1 III 9.
⁴⁶ 1 III 11.
⁴⁷ 1 III 13.
⁴⁸ 1 VI 1.
⁴⁹ 1 VI 2: „Inter Officia absoluta ... primum locum obtinet: ne quis alterum laedat."
⁵⁰ 1 VI 3.
⁵¹ 1 VI 4.

18

d) Im siebenten Kapitel nennt *Pufendorf* die zweite Pflicht des Gemeinschaftslebens: Jeden anderen als gleichberechtigt anzusehen. Er führt dazu aus: „Jeder teilt mit allen die gleiche menschliche Natur.

Niemand kann und will sich mit solchen zu einer Gemeinschaft zusammenschließen, die ihn nicht wenigstens als Mensch und Träger der gleichen Natur gelten lassen. Daher gebührt unter den Gemeinschaftspflichten der zweite Platz dieser: „Jeder beachte den anderen und behandele ihn als einen von Natur ihm Gleichgearteten, nämlich als Menschen schlechthin"[52].

Bezüglich der Pflichten soll sich dieser Gleichheitssatz in folgender Weise auswirken: „Die Gleichheit besteht auch darin, daß jeder, wenn er auch von Natur mit besonderen Gaben ausgestattet ist, die naturrechtlich gebotenen Pflichten allen anderen gegenüber erfüllen muß ... Was jeder von allen anderen fordern oder erwarten kann, das müssen aus Gründen der Billigkeit auch alle von jedem verlangen dürfen. Was für alle als Recht gilt, muß jeder gegen sich gelten lassen. Denn die Verpflichtung, das Gemeinschaftsleben aufrecht zu erhalten, bindet alle Menschen in gleicher Weise"[53].

Der Hinweis ist hier angebracht, daß *Pufendorf* den Gleichheitssatz offensichtlich im Sinne einer *rechtlichen* Gleichbehandlung versteht, nicht im Sinne einer *tatsächlichen* Gleichbehandlung[54].

Unter dem Aspekt des Gleichheitssatzes hält *Pufendorf* jene Menschen am besten zum Gemeinschaftsleben geeignet, die allen anderen zu gestatten bereit sind, was sie sich selber erlauben[55]. Für einen besonders schweren Verstoß gegen die Pflicht zum Gemeinschaftsleben unter dem Gesichtspunkt des Gleichheitssatzes erachtet es *Pufendorf* „wenn jemand seine Mißachtung anderer durch äußere Zeichen, Handlungen, Mienen, Lächeln, Worte oder sonstwie beleidigend zum Ausdruck bringt"[56]. Wie würde *Pufendorf* wohl über manche Debatten im Deutschen Bundestag denken?

e) Als dritte Hauptpflicht des Gemeinschaftslebens formuliert *Pufendorf* im 8. Kapitel: „soviel wie möglich den anderen zu nützen"[57]. Dies

[52] 1 VII 1: „Ut quisque alterum hominem aestimet atque tractet, tanquam naturaliter sibi aequalem, seu, ut aeque hominem."
[53] 1 VII 2. Hier kündigt sich in Ansätzen der Imperativ Kants an. Zu Recht nennt *Erik Wolf*, Große Rechtsdenker der deutschen Geistesgeschichte, 4. Auflage, 1963, S. 340 Pufendorf philosophisch einen Vorläufer Kants.
[54] Zu diesem Unterschied siehe *Albrecht Randelzhofer*, Gleichbehandlung im Unrecht?, JZ 1973, S. 536 ff.
[55] 1 VII 3.
[56] 1 VII 6.
[57] 1 VIII 1: „Ut quilibet alterius utilitatem, quantum commode potest, promoveat."

kann durch unmittelbare Zuwendungen an den anderen geschehen, aber auch mittelbar. *Pufendorf* schreibt dazu: „Mittelbar fördert jemand den Nutzen der anderen, wenn er sorgfältig seinen Körper ausbildet und seine Seele erzieht, dann geht von seinem Tun auch Nutzen für andere aus. Deshalb ist es ein schwerer Verstoß gegen die Pflicht, den anderen nützlich zu sein, wenn jemand keinen Beruf erlernt und sein Leben in untätiger Abgeschlossenheit hinbringt. Das sind Menschen, wie *Horaz* sagt, geboren, sich von der Erde Früchte zu nähren, ohne sie zu vermehren. Dazu gehören auch jene, die ganz zufrieden sind mit dem, was ihre Vorfahren ihnen hinterlassen haben und hoffen, sie könnten ungestraft ihrer Trägheit leben, weil der Fleiß anderer schon hinreichen für die gesorgt hat"[58]. Von den unmittelbaren Pflichten, den anderen zu nützen, nennt *Pufendorf* in erster Linie die Pflicht der Reichen, zur Unterstützung der Armen angemessene Beiträge zu leisten. Aber nicht nur der Reiche, dem die Gabe leicht fällt, ist verpflichtet. *Pufendorf* fährt fort: „Eine höhere menschliche Pflicht gebietet, dem anderen selbst dann zu helfen, wenn es Opfer an Geld oder Mühe kostet. Solche Handlungen nennt man im eigentlichen Sinne gute Werke. Das richtige Maß für die Verteilung unserer Leistungen wird ebenso durch die Lage des Leistenden wie durch die des Empfängers bestimmt". Und dann, höchst bedenkenswert für unsere Zeit: „hierbei gilt es, eine besondere Sorgfalt anzuwenden, damit unsere Freigiebigkeit nicht etwa schädlich wirke für den, dem wir Gutes erweisen möchten, und auch für die übrigen. Auch dürfen wir nicht über das eigene Vermögen hinaus freigiebig sein und müssen jedem nach Verdienst und persönlicher Würdigkeit das Seine zuleiten.

Schließlich bedarf das Verhältnis des Grades der Notlage zum Maß unserer Hilfe der Beachtung und zuletzt gilt es, Näher- und Fernerstehende unterschiedlich zu berücksichtigen"[59]. Das bei uns weithin praktizierte sozialstaatliche Gießkannenprinzip hätte also *Pufendorfs* Beifall wohl kaum gefunden.

III. Folgerungen aus Pufendorfs Pflichtenlehre für die heutige Diskussion um die Grundpflichten des Menschen

Soweit ein knapper Abriß der Pflichtenlehre *Pufendorfs*, ein Abriß, der notwendigerweise mit dem groben Pinsel gemalt ist und nicht mit dem feinen.

Inwieweit können daraus Erkenntnisse für die moderne Diskussion gewonnen werden? Ich muß mich dabei auf zwei fundamentale Aspekte

[58] 1 VIII 2.
[59] 1 VIII 5.

beschränken. Einmal auf die Frage, ob Grundpflichten in unserem Verfassungssystem nur dann eine Rolle spielen können, wenn sie im Grundgesetz ausformuliert sind, zum anderen auf die Frage, ob Grundpflichten als Gegenstände zu den Grundrechten begriffen werden müssen.

1. Das Problem der Grundpflichten erschöpft sich nicht in der Suche nach ausformulierten Pflichten des Menschen im Grundgesetz

Ich meine, daß *Pufendorfs* Pflichtenlehre uns zeigt, daß die Frage nach den Grundpflichten in unserem Verfassungsrecht von einem breiten Ansatz her angegangen werden muß. Wir erinnern uns: Aus drei Quellen fließen nach *Pufendorf* die Pflichten: Aus der Vernunft, sprich dem Naturrecht, aus dem positiven Recht und aus der göttlichen Offenbarung[60]. Besonders hervorzuheben ist dabei, daß für die Pflichten als rechtliche Kategorien – daneben stehen die Pflichten als moralische Kategorien – *zwei* Quellen genannt werden: das positive, das geschriebene Recht und das Naturrecht, das unabhängig von der geschriebenen Rechtsordnung des Staates gilt, da es sich aus der Notwendigkeit zur Gemeinschaft ergibt. Auch wenn wir dies in der Regel nicht mehr Naturrecht nennen, so ist doch auch heute unbestreitbar, daß sich Grundpflichten bereits aus der Existenz des Gemeinschaftslebens ergeben, unabhängig davon, ob diese Grundpflichten in geschriebenen Rechtssätzen erscheinen oder nicht.

a) Die Frage nach den Grundpflichten in unserem Verfassungsrecht ist deshalb nicht dadurch zu beantworten – jedenfalls nicht vollständig – daß man sich darauf beschränkt, im Grundgesetz ausformulierte Pflichten des Individuums aufzuspüren[61]. Völlig verfehlt wird das Thema, wenn man diese Suche auch noch dadurch verengt, daß man Grundpflichten nur dann anerkennt, wenn sie in der Deutlichkeit sowie unmittelbaren Verbindlichkeit und Anwendbarkeit formuliert sind, wie die Grundrechte, um bei dem dann bestimmt negativen Befund pauschal feststellen zu können, daß es im Grundgesetz keine Grundpflichten gebe. So praktiziert in einem Beitrag zur Staatsrechtslehrertagung in einer renommierten Juristenzeitung. Die rechtsphilosophische, rechtstheoretische, rechtspoli-

---

[60] Siehe oben II 2 a.

[61] Daher wollen wir uns auch nicht an dem Wettbewerb beteiligen, wie viele Grundpflichten aus dem Text des GG herausgelesen werden können. Siehe zu den diesbezüglichen Bemühungen die Nachweise bei *Hasso Hofmann*, Typoskript, Anm. 13 und 14.
Die Existenz auch ungeschriebener Grundpflichten betont zu Recht *Herbert Bethge*, NJW 1982, S. 2150.

tische, verfassungsgeschichtliche und allgemein ideengeschichtliche Dimension des Themas wird so ignoriert, sei es aus Unkenntnis, sei es aus Absicht. Dies ist plattester Rechtspositivismus an einer dafür extrem untauglichen Stelle. Ein solches Verfahren empfiehlt sich nur dann, wenn man schon die Frage nach den Grundpflichten als rückwärts gewandt empfindet, und den Nachweis, daß es Grundpflichten nicht gebe, als Bestätigung des progressiven Zeitgeistes versteht. Auch ohne diese, das Thema verfehlende Verengung der Fragestellung kann die Suche nach ausformulierten Pflichten des Individuums im Grundgesetz nur ein Ansatz zur Antwort auf die Frage nach den Grundpflichten in unserem Verfassungsrecht sein. Es kommt deshalb auch nicht darauf an, wie viele Grundpflichten man aus dem Wortlaut des Grundgesetzes ermittelt. Entscheidend ist, daß man erkennt, daß Grundpflichten auch dann und dort existieren, wenn und wo das Grundgesetz dies nicht ausdrücklich formuliert. Aus der Tatsache des Gemeinschaftslebens und der Notwendigkeit, dies zu regeln, ergeben sich Pflichten, unabhängig ob sie gesetzlich ausformuliert sind oder nicht. Dies zu belegen genügt der Hinweis auf die Gesetzesbefolgungspflicht[62]. Sie liegt dem jeweiligen konkreten Gesetz voraus und ist im Grundgesetz nirgends ausdrücklich formuliert. Dennoch muß sie existieren, da ohne sie ein geregeltes Gemeinschaftsleben nicht bestehen kann. Das gleiche gilt für die Friedenspflicht des Bürgers, das Verbot privater Gewalt, dem das staatliche Gewaltmonopol entspricht[63].

b) Daß die Frage nach den Grundpflichten nicht durch den Hinweis auf die Existenz oder Nichtexistenz ausformulierter Pflichten im Grundgesetz hinreichend beantwortet werden kann, beweist u. a. die von der Staatsrechtswissenschaft entwickelte Lehre von den immanenten Grundrechtsschranken. Auch diese sind im Grundgesetz nirgends ausformuliert, aber die Folge der Erkenntnis, daß Grundrechte nicht schrankenlos in Anspruch genommen werden können, wenn das Gemeinschaftsleben funktionieren soll. Die immanenten Grundrechtsschranken sind aber nichts anderes als die Einsicht in die Existenz auch immanenter Grundpflichten und ein Versuch, quasi von der anderen Seite her, dieses Problem zu lösen[64].

---

[62] Dazu *Josef Isensee*, DÖV 1982, S. 612; siehe auch *Herbert Bethge*, NJW 1982, S. 2150.
[63] Dazu *Josef Isensee*, Die Friedenspflicht der Bürger und das Gewaltmonopol des Staates, in: Festschrift für Kurt Eichenberger, 1982, S. 23 ff.
[64] Siehe auch *Hasso Hofmann*, Typoskript, S. 3, der davon spricht, daß „der

22

c) Es wäre auch verfehlt, Grundpflichten nur dann als relevant anzusehen, wenn sie in der Verfassung als echte Rechtspflichten formuliert sind.
Anders als das einfache Gesetz muß die Verfassung nicht nur Rechtssätze
im engeren Sinn enthalten. Sie ist der richtige Ort auch für Programmsätze und den Hinweis auf sittliche Pflichten. So war es durchaus sinnvoll,
wenn Art. 163 der Weimarer Reichsverfassung formulierte: „Jeder Deutsche hat unbeschadet seiner persönlichen Freiheit die *sittliche* Pflicht,
seine geistigen und körperlichen Kräfte so zu betätigen, wie es das Wohl
der Gesamtheit erfordert"[65]. Wir erinnern uns in diesem Zusammenhang
an die von *Pufendorf* formulierte dritte Hauptpflicht: „soviel wie möglich
den anderen zu nützen".

d) Da gewisse Grundpflichten als notwendige Bedingung des Gemeinschaftslebens gelten, ist es nicht eine Frage der Rechtsgeltung, sondern
eine Frage der Rechtspolitik, ob sie im Verfassungstext aufscheinen oder
nicht. Die Erklärung der Menschen- und Bürgerrechte vom 28. 6. 1789[66]
zählte zwar die Pflichten nicht ausdrücklich auf, erwähnte sie aber ebenso
beiläufig wie selbstverständlich und „setzte in beredtem Schweigen voraus, daß politische Vergesellschaftung Pflichten der Gesellschaftsglieder
einschließt"[67]. Die Erfahrung von sechs Jahren reichte dann aber aus, um
der Verfassung vom 22. 8. 1795 eine Erklärung der Rechte und Pflichten
des Menschen voranzustellen. Jüngst hat die Expertenkommission für die
Vorbereitung einer Totalrevision der Schweizer Bundesverfassung den
Plan, eine allgemeine Konzeption von Grundpflichten zu entwickeln,
abgelehnt, obwohl sie es für kaum bestreitbar hielt, daß in einer freiheitli-
chen und sozialen Demokratie die der Staatsgewalt unterstellten Menschen auch Pflichten haben müssen[68]. Die Kommission meinte, daß es um
das Selbstverständnis des Schweizer Staatswesens traurig bestellt sein
müßte, wenn man den in der Schweiz lebenden Menschen noch besonders

---

Verzicht des Grundgesetzes auf die Kategorie der Grundpflicht (gemeint ist dabei
genauer der Verzicht auf eine ausdrückliche Formulierung der Kategorie der
Grundpflicht) fast zwangsläufig gewisse begriffliche Kompensationen provoziert."
Als solche nennt er: Die Drittwirkungslehre; die Auffassung von der Pflicht zu
bestimmter Grundrechtsausübung; die Rechtsprechung des Bundesverfassungsge-
richts zum Menschenbild des Grundgesetzes.
[65] Zur Interpretation dieser Vorschrift siehe die Nachweise bei *Peter Badura*,
DVBl. 1982, S. 865, Anm. 24.
[66] Französischer Text bei *Alfred Voigt*, aaO (Anm. 13) S. 195 ff.
[67] So die Formulierung *Peter Baduras*, DVBl. 1982, S. 861.
[68] Siehe *Josef Isensee*, DÖV 1982, S. 611, Anm. 20.

in Erinnerung rufen müßte, daß die in einem demokratischen Verfahren zustande gekommenen Verfassungs- und Gesetzesbestimmungen allgemeine Geltung beanspruchen. Es darf jedenfalls darüber nachgedacht werden, ob wir in der Bundesrepublik Deutschland ebenfalls noch dieses gesicherte Vertrauen in die Einsicht unserer Bürger haben können, oder ob es nicht doch angeraten wäre, der verschütteten Einsicht durch die Normierung von Grundpflichten in der Verfassung wieder auf die Beine zu helfen.

e) Der Herrenchiemseer Entwurf zum Grundgesetz enthielt einen Artikel 19, der lautete: „Jeder hat die Pflicht der Treue gegen die Verfassung und hat Verfassung und Gesetz zu achten und zu befolgen"[69]. Daß diese Bestimmung nicht in den endgültigen Text des Grundgesetzes übernommen wurde, hatte verschiedene Gründe. So bestand eine gewisse Zurückhaltung gegenüber der Normierung von Pflichten in der Nachfolge eines Regimes, das die Rechte des Menschen mißachtet, die In-Pflicht-Nahme aber grenzenlos ausgedehnt hatte. Dieser Aspekt allein war aber nicht ausschlaggebend. Immerhin hatten die meisten der dem Grundgesetz vorangehenden Länderverfassungen in Anknüpfung an die Weimarer Tradition neben Grundrechten auch Grundpflichten normiert[70]. Ein zweiter Grund dafür, daß Art. 19 des Entwurfs nicht übernommen wurde, lag darin, daß man sich über die genaue Formulierung der Grundpflichten nicht in allen Punkten einig war. Schließlich ging man aber auch von der Überzeugung aus, daß Grundpflichten nicht erst normiert werden müßten, sondern als Folge des Gemeinschaftslebens und als Korrelate zu den Grundrechten ohnehin gelten[71].

2. Grundpflichten als Gegensatz zu den Grundrechten?

a) Ein weiteres grundsätzliches Problem bei der Diskussion um Grundpflichten liegt darin, daß sie oft in antithetischer Gegenüberstellung zu den Grundrechten verstanden werden, und der Lehre von den Grundpflichten daher der Makel des Antiliberalen angeheftet wird. Von einem solchen Verständnis her kommt es dann zu Aussagen wie: „Die Grundpflichten entstammen letztlich dem Geist des absolutistischen Obrigkeitsstaates"[72].

---

[69] Siehe *Rolf Stober*, Grundpflichten und Grundgesetz, 1979, S. 18.
[70] Siehe die Nachweise bei *Peter Badura*, DVBl. 1982, S. 867 f.
[71] Siehe *Rolf Stober*, Grundpflichten und Grundgesetz, 1979, S. 31.
[72] *H. Bayer*, Entstehung und Bedeutung wirtschaftlicher Grundrechte und Grundpflichten, Diss. Frankfurt, 1937, S. 14.

24

Sind Grundpflichten aber wirklich notwendigerweise die Antipoden[73] zu den Grundrechten, sind sie der Kontrastbegriff[74] zu den Grundrechten? – So Formulierungen in neueren und neuesten Abhandlungen.

(1) Bestimmt dann, wenn die grundrechtliche Freiheit als Instrument der politischen Inpflichtnahme des Bürgers eingesetzt wird, etwa in der Weise, daß dem jeweiligen Grundrecht die gleichartige Grundpflicht zur Seite gestellt wird. Ein Beispiel für ein solches Verfahren ist Art. 24 Abs. 2 der Verfassung der DDR von 1968, der lautet: „Gesellschaftlich nützliche Tätigkeit ist eine ehrenvolle Pflicht für jeden arbeitsfähigen Bürger. Das Recht auf Arbeit und die Pflicht zur Arbeit bilden eine Einheit"[75]. Bei einem solchen Vorgehen bleibt vom Freiheitsrecht nichts übrig, die Grundpflicht wirkt hier unvermeidbar antiliberal[76].

(2) Zu einem ähnlichen Ergebnis kommt man, wenn man zwar nicht jedem Grundrecht eine ausformulierte Grundpflicht im Verfassungstext zur Seite stellt, jedoch die Grundrechte jeweils in diesem Sinne interpretiert. Dieses Umbiegen der liberalen Grundrechte in Pflichten[77] findet sich schon beim jungen *Marx*[78], der den „citoyen" gegen den „bourgeois" ausspielt. Nicht sehr viel anders liest man dies aber auch in *Rudolf Smends* Abhandlung aus dem Jahre 1933 „Bürger und Bourgeois im deutschen

---

[73] So die Formulierung von *Detlef Merten*, BayVBl. 1978, S. 554, der aber im Ergebnis das Verhältnis von Grundrechten und Grundpflichten nicht als notwendigerweise antithetisch versteht.

[74] So die Formulierung von *Herbert Bethge*, NJW 1982, S. 2145, der aber gleichfalls zwischen Grundrechten und Grundpflichten keinen notwendigen Gegensatz sieht.

[75] Siehe entsprechende Beispiele aus dem sowjetischen Verfassungsrecht bei *Peter Badura*, DVBl. 1982, S. 869.

[76] So zu Recht *Josef Isensee*, DÖV 1982, S. 615. Zunächst irritierend daher *Herbert Bethge*, NJW 1982, S. 2147, wenn er sagt: „Die Lösung der Problematik wäre ein gutes Stück näher gerückt, wenn ... jedem Grundrecht eine Grundpflicht korrespondierte, das Grundrecht in Anspruch zu nehmen." Wenig später stellt er aber fest: „Die Auffassung, die den Grundrechten die Pflicht zum Freiheitsgebrauch entnimmt, ist indessen falsch. Grundrechte können nicht als Pflichten verstanden werden, ohne in ihr Gegenteil verkehrt zu werden."

[77] Siehe dazu *Detlef Merten*, BayVBl. 1978, S. 557.

[78] Siehe *Karl Marx*, Zur Judenfrage, 1843, in Landshut (Hrsg.), Die Frühschriften, 1955, S. 194 f.

Staatsrecht"⁷⁹. Dieser Abhandlung liegt im übrigen eine Rede zugrunde, die er am 18. Januar 1933 bei der Reichsgründungsfeier an der Universität Berlin gehalten hat. Auch hier ist der Bourgeois, der die Grundrechte nützt, um sich vom Staat zu distanzieren, die negative Figur, der der dem Staat sittlich verpflichtete Bürger als beispielhaft entgegengestellt wird, für den der sinnvolle Gebrauch der Grundrechte quasi eine Amtspflicht ist.

(3) Das gleiche Mißtrauen gegen liberale Grundrechte erkennt man bei *Herbert Krüger*⁸⁰, wenn er dem Bundesverfassungsgericht vorwirft, seine Rechtsprechung bestätige nicht das von ihm konstatierte Menschenbild des Grundgesetzes, das nicht das des selbstherrlichen Individuums sei, sondern das der in der Gemeinschaft stehenden und ihr verpflichteten Persönlichkeit⁸¹. *Krüger* meint, dieser Satz wirke als eine Art von protestatio factis contraria angesichts einer Rechtsprechung, „die die Grundrechte immer wieder als Vehikel der Entpflichtung und nicht der Verpflichtung der Persönlichkeit gegenüber der Allgemeinheit versteht". Auch hier treffen wir also auf die Vorstellung, daß Grundrechte eigentlich Grundpflichten sind⁸².

(4) Auf eine Umdeutung der Grundrechte in Grundpflichten läuft ganz generell die Anwendung der institutionellen Grundrechtstheorie und die Werttheorie der Grundrechte bei der Grundrechtsinterpretation hinaus. Zutreffend stellt *Ernst-Wolfgang Böckenförde* dazu fest: „Die grundrechtliche Freiheit ist nicht mehr notwendig eine Freiheit schlechthin, wie bei der liberalen Grundrechtstheorie; sie ist eine Freiheit, die auf bestimmte Ziele hin orientiert ist, nämlich die Realisierung des institutionell-objektiven Sinnes der Freiheitsgewährung. Freiheitsumfang und Freiheitsschutz können insoweit nach der Art und Zielrichtung des Freiheitsgebrauchs differenziert werden. Gehört zum Sinn der rechtlichen Freiheit eine Aufgabe, so ist es nur folgerichtig, daß die Erfüllung dieser Aufgabe auch staatlicherseits durch entsprechende Regelungen unterstützt, die Nichterfüllung durch staatliche Eingriffe oder eine Reduzierung bzw. Ablehnung des Freiheitsschutzes sanktioniert wird"⁸³. Es ist

⁷⁹ *Rudolf Smend*, Staatsrechtliche Abhandlungen, 1955, S. 309 ff., bes. S. 321 ff.
⁸⁰ *Herbert Krüger*, Die Verfassung als Programm der nationalen Integration, in Festschrift für Friedrich Berber, 1973, S. 247 ff., bes. S. 255.
⁸¹ So BVerfGE 4, 7, 15 f.; 12, 45, 51.
⁸² Zur Kritik Herbert Krügers siehe *Hans H. Klein*, Der Staat, 1975, S. 160 ff.
⁸³ *Ernst-Wolfgang Böckenförde*, Grundrechtstheorie und Grundrechtsinterpretation, NJW 1974, S. 1532.

diese freiheitsgefährdende Wirkungsweise, die *Rupert Scholz*[84] zu seiner überzeugenden Kritik an der institutionellen Grundrechtstheorie veranlaßt.

(5) Wenn auch im einzelnen in unterschiedlicher Intensität, führen alle diese Mechanismen und Interpretationsweisen zu einer antiliberalen Wirkungsweise von Grundpflichten.

b) Diese antiliberale Wirkungsweise der Grundpflichten besteht aber keinesfalls notwendigerweise. Sie kommt nur zum Tragen, wenn man zwischen Grundrechten und Grundpflichten eine Symmetrie schafft, sei es durch Rechtsetzung, sei es durch Interpretation. Bei der Beachtung der notwendigen Asymmetrie ist diese Gefahr gebannt. In diesem Zusammenhang wird zumeist *Carl Schmitt* zitiert, mit seiner Feststellung: „Grundpflichten im bürgerlichen Rechtsstaat ... können nur dann Pflichten im positiv-rechtlichen Sinne sein, wenn sie begrenzt sind ... Es ist daher zu beachten, daß die logische und rechtliche Struktur dieser Grundpflichten von derjenigen der Grundrechte verschieden sind"[85]. *Carl Schmitt* will damit sagen, daß Grundpflichten nicht die gleiche Quantität haben können wie Grundrechte und daß sie insofern nicht die gleiche Qualität haben können, als sie in der Verfassung oft nur als Programmsätze formuliert werden können, die der Konkretisierung durch den Gesetzgeber bedürfen[86].

Dazu ist zu sagen, daß auch diese Asymmetrie zwischen Grundpflichten und Grundrechten nicht a priori besteht, sondern nur auf der Grundlage einer grundsätzlich auf Freiheit angelegten Verfassung. Weder rechtstheoretisch, noch rechtshistorisch ist eine Symmetrie zwischen Grundrechten und Grundpflichten ausgeschlossen. Einmal können eine Reihe von Grundpflichten in derselben unmittelbar verbindlichen Weise formuliert werden wie Grundrechte. Wie die Versammlungsfreiheit könnte auch eine Versammlungspflicht für bestimmte Zwecke statuiert werden; wie die Koalitionsfreiheit könnte die Koalitionspflicht bezüglich bestimmter Vereinigungen statuiert werden[87]. Zum anderen waren Grundrechte nicht immer – wie heute nach Art. 1 Abs. 3 GG – unmittel-

---

[84] Koalitionsfreiheit als Verfassungsproblem, 1971, S. 237 ff.
[85] *Carl Schmitt*, Verfassungslehre, 3. Auflage 1957, S. 174 f.
[86] Siehe auch *Hans H. Klein*, Der Staat, 1975, S. 157.
[87] Wenn *Hans H. Klein*, Der Staat, 1975, S. 166, sagt: „Grundpflichten mit derjenigen den Grundrechten entsprechenden rechtlichen Struktur kann es nicht geben", so ist dies für eine Reihe möglicher Grundpflichten nur auf der Prämisse einer auf Freiheit angelegten Verfassung richtig aber nicht absolut.

27

bar bindendes Recht, sondern am Anfang ihrer verfassungsgeschichtlichen Formulierung im 18. und 19. Jahrhundert Programmsätze, statt subjektiver Rechte eher objektiv-rechtliche Grundsätze[88]. Das Verhältnis von Grundrechten und Grundpflichten ist also in seiner konkreten Ausgestaltung nicht vorgegeben. In einer auf Freiheit des Individuums angelegten Verfassung allerdings muß eine Asymmetrie zu Lasten der Grundpflichten bestehen[89]. Jedenfalls darf nicht jedem Grundrecht eine entsprechende Grundpflicht an die Seite gestellt werden. Es dürfen auch Grundrechte nicht generell in Grundpflichten uminterpretiert werden. Art. 6 Abs. 2 GG, wonach Pflege und Erziehung der Kinder das natürliche Recht der Eltern und zugleich ihre Pflicht sind, ist kein Beweis gegen diese These, noch ein Beleg dafür, daß das Grundgesetz keine auf individuelle Freiheit angelegte Verfassung sei. Art. 6 Abs. 2 GG ist ein Sonderfall, der nicht auf andere Grundrechte übertragen werden kann, da den Eltern die Kompetenz verbleibt, den Inhalt ihrer Pflicht autonom zu bestimmen[90].

c) Wie verhält sich nun *Pufendorfs* Pflichtenlehre zu diesem Problem[91]? Spricht die Tatsache, daß er seine ganze Rechtslehre vom Gedanken der Pflicht her aufbaut, nicht dafür, daß er die Grundpflichten als Antithese zu den Grundrechten sieht?

Keineswegs! Wir haben gesehen, daß *Pufendorf* einige Grundpflichten formuliert, die unabhängig davon gelten, ob sie im positiven Recht ausdrücklich formuliert sind oder nicht. Nirgends aber unternimmt er den Versuch, den Rechten des Menschen jeweils eine entsprechende Pflicht an die Seite zu stellen. Seine Pflichten formuliert er als unverzichtbare Voraussetzungen für das Gemeinschaftsleben, das seinerseits erst die Sicherung von Rechten bedeuten kann. Sprechen aber seine Ausführungen zur dritten Hauptpflicht, anderen soviel wie möglich zu nützen, wonach es ein Verstoß gegen diese Pflicht ist, keinen Beruf zu erlernen und sein Leben in untätiger Abgeschlossenheit hinzubringen[92], nicht

---

[88] So zu Recht *Ulrich Scheuner*, Begriff und Tragweite der Grundrechte im Übergang von der Aufklärung zum 19. Jahrhundert, in Der Staat, Beiheft 4, 1980, S. 107.
[89] Ausführlich *Josef Isensee*, DÖV 1982, S. 614 f.
[90] Siehe BVerfGE 24, 119 ff., 143.
[91] Natürlich darf diese Frage nicht so verstanden werden, wie sich Pufendorfs Pflichtenlehre zum Problem des Verhältnisses von Grundrechten und Grundpflichten moderner Prägung i. S. einer unmittelbaren Anwendbarkeit verhält, denn im Rechtssystem Pufendorfs gab es noch keine Grundrechte im heutigen Verständnis. Wohl aber kann nach der Zielrichtung dieser Pflichtenlehre gefragt werden, genauer, ob sie eine freiheitsbeschränkende Funktion hat, oder nicht.
[92] De officio 1 VIII 2.

28

dafür, daß er, nicht die Berufsfreiheit, sondern die Berufspflicht sichern will? Dabei ist aber zu bedenken, daß zu Zeiten Pufendorfs die Vorstellung von liberalen Grundrechten noch nicht entwickelt noch gar Bestandteil der Rechtsordnung war. Wenn *Pufendorf* eine Berufspflicht formuliert, dann nicht in der Absicht eine Berufsfreiheit zu begrenzen. *Pufendorf* entwickelt seine Pflichtenlehre nicht zur Begrenzung der Rechte, sondern zu ihrer Ermöglichung. Das ganze System seines Naturrechts gründet *Pufendorf* im zweiten Buch seines Hauptwerkes „De Jure naturae et gentium" auf das Bekenntnis zur Würde des Menschen, mit der Aussage, daß das Wesen des Menschen in seiner sittlichen Freiheit bestehe. *Pufendorfs* Pflichtenlehre kann nicht als Antithese zuden Freiheitsrechten verstanden werden.

IV. Schlußbemerkung

Ich komme zum Schluß und darf auch in Würdigung von *Pufendorfs* Pflichtenlehre feststellen: Objektiv ist die Verbindung von Rechten und Pflichten in einer Rechtsordnung unvermeidlich, und zwar richtig gesehen nicht im Sinne einer Gegenüberstellung von These und Antithese, sondern im Sinne eines sich gegenseitigen Bedingens. An diesem Grundmechanismus ändert sich nichts. Was sich ändert, ist das Bewußtsein für die eine oder andere Seite dieser Beziehung und deren Betonung. Diese Schwankungen und Wandlungen sind Reaktionen auf historisch-politische Lagen. Daher ist die Feststellung in bezug auf unser Grundgesetz zutreffend, daß im Hinblick auf Grundpflichten nicht das Verfassungsgesetz lückenhaft ist, sondern das Verfassungsverständnis[93]. Ein Irrtum wäre es, wollte man annehmen, es könnte der Bereich der Grundpflichten auf Kosten der Grundrechte in einer Rechtsordnung, die nach unserem Verständnis freiheitlich ist, auf Dauer den Sieg davontragen. Dasselbe gilt aber umgekehrt, wenn die Verfassung ihre gemeinschaftsbildende und -erhaltende Kraft bewahren soll; denn: das Verhältnis zwischen Grundrechten und Grundpflichten in einer auf Freiheit *und* Gemeinschaft angelegten Verfassung ist nicht Kampf, sondern Symbiose[94].

---

[93] So *Josef Isensee*, DÖV 1982, S. 618.
[94] Das Gleiche meint *Peter Badura*, DVBl. 1982, S. 862, wenn er sagt: „Der Verfassungsgedanke der Grundpflichten ist als ein Kapitel der Lehre von den Grundrechten zu entwickeln, nicht als eine Doktrin, die der grundrechtlichen Freiheit entgegentritt."